SÉPHORA ROCHE

Yo pa ka chayé dlo an pannyé

Rester réaliste et agir intelligemment

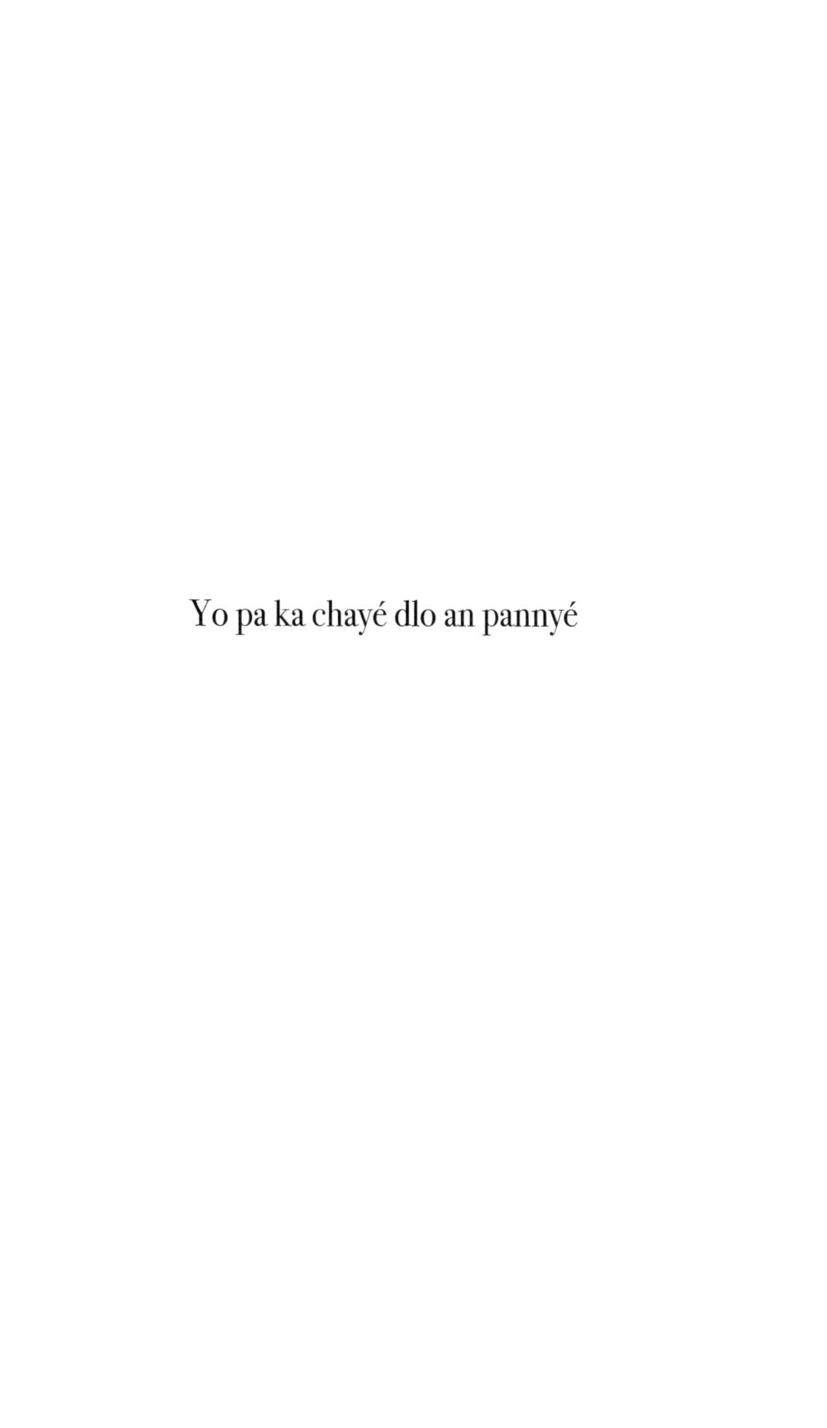

Yo pa ka chayé dlo an pannyé

À la fille que j'étais autrefois

Avant-propos

Je suis passionnée par l'étude des comportements humains. Tout comme beaucoup d'autres personnes, j'ai trouvé plaisant de chercher à comprendre les motivations qui se cachent derrière les actions des autres. Je m'efforçais d'interpréter leurs mots, leurs gestes ainsi que leurs pensées.

Mais cela m'échappait, précisément parce qu'ils étaient différents de moi.

Je me suis rendue compte que nous avons tendance à attribuer des causes aux comportements d'autrui, car cela nous aide à interagir de manière plus élaborée avec notre entourage.

Nous donnons souvent un sens à ce que nous observons en nous focalisant sur notre propre point de vue, sans toujours avoir la conscience de l'autre. Cependant, il est important de reconnaître l'autre, de faire l'expérience de sa différence pour ne pas porter de jugement hâtif, et favoriser un échange authentique.

C'est en ayant accès à la réalité de l'autre que nous pouvons véritablement comprendre ses actions. Or, cet accès privilégié ne peut être accordé qu'à travers la connaissance de l'altérité. Bien que nous partageons tous la même planète, nous vivons chacun dans une réalité subjective, créant ainsi des mondes différents. Malheureusement, si nous ne parvenons pas à établir une distinction claire entre notre réalité et celle des autres, nous risquons de nous laisser emporter dans leur propre perception des choses, ce qui pourrait finalement nous annihiler. Il ne s'agit pas tant de déterminer qui détient la vérité absolue, mais plutôt de valoriser l'unicité de chacun en nous ouvrant au point de vue de l'autre tout en préservant notre propre identité.

C'est en prenant conscience de cela que j'ai rédigé mon premier essai *Yo pa ka chayé dlo an pannyé* à l'âge de 20 ans, dans lequel j'aborde, entre autres, les connaissances que j'aurais aimé acquérir plus tôt.

Yo pa ka chayé dlo an pannyé

Le paysage me semble différent, les bâtiments ainsi que les passants également. Pourtant, j'emprunte ce chemin chaque jour pour me rendre au lycée. Madame Odette est assise à la même place : sur une chaise haute à l'entrée de sa supérette. Elle scrute la rue Pasteur avec ses grands yeux rouges. Cette façon qu'elle a de tourner la tête au son de bavardage entre voisins ou d'une porte qui se ferme, me fait drôlement penser au fétiche du toit dans Kirikou.

Je rentre chez moi en admirant le ciel ensoleillé, la verdure des arbres fruitiers, et les routes de mon quartier quelque peu endommagées. D'ordinaire je ne prête pas attention à ce qui m'entoure. Mais aujourd'hui, je passe ici pour la dernière fois. J'ai arpenté cette route pendant trois ans sans jamais avoir remarqué à quel point la ville est calme : les personnes sont aimables, et il n'y a aucun animal errant.

Julie, ma meilleure amie, m'a annoncé, plus tôt dans la journée, son départ de la Guadeloupe pour la France hexagonale. J'étais ravie pour elle, car être psychologue est son plus grand rêve. Julie a toujours su comprendre, entendre, et aider les autres. Pour autant, je sais que ce désir n'est pas sans lien avec son envie d'élaborer ses propres problématiques.

Je vous mentirais si je vous disais que cette nouvelle ne m'a pas affectée. A cet instant précis, nous étions en classe. Je lui avais souri pour lui manifester mon soutien ainsi que mon admiration. Puis, j'avais regardé les aiguilles de l'horloge du professeur

Edmond qui grinçaient. Et moi, les dents serrées, je grinçais tout autant intérieurement.

Sur le pas de la porte, je pouvais d'ores et déjà sentir la bonne odeur du repas de ce soir. Je suis rentrée en saluant Castor, mon lapin nain. Puis, je suis allée à la cuisine. Anna, s'efforçant d'attraper le sel, se tenait sur la pointe des pieds. Elle avait une manucure rouge cerise qui, curieusement, concordait avec son tee-shirt gris. Ma tante est neurologue. En principe, son métier ne lui permet pas d'avoir les ongles vernis. Malgré tout, elle agit comme elle veut, prétextant être son « propre patron ».

Pour le dîner, nous mangeons du colombo de poulet. Comme à son habitude, elle me raconte les affections les plus bizarres qu'elle a rencontrées durant la journée.

Ce soir, c'est le cas d'un certain M. D, un professeur de musique qui, à la suite d'un accident sur la voie publique, peut toujours chanter aisément, mais rencontre des difficultés à converser. Elle qualifie cette atteinte « d'aphasie ».

Nos discussions au sujet de ses patients ont toujours su m'émerveiller. Je retiens tous les termes qu'elle emploie pour les utiliser à mon tour quand, un jour, je serai médecin.

A la fin du repas, pendant que je remplissais le lave-vaisselle, Anna est furtivement allée dans sa chambre. Puis elle est revenue vers moi de façon hésitante, tenant entre ses mains un carnet en cuir noir. Une autre matière que je ne parvenais pas à désigner le ficelait. J'ai calmé mon inquiétude, la sienne aussi peut-être, en lui souriant. Quand elle fut certaine, elle me dit, sur un ton radieux :

– Tiens ma puce. C'est pour toi.

La ficelle retenait une carte rose clair sur laquelle était écrit « Pour Djanahé ». Je n'ai pas reconnu l'écriture. Alors, de manière tacite, je lui ai demandé qui était l'auteur de ce présent.

– En fait, c'est Krystal qui m'a chargé de t'offrir ce cadeau. Elle tenait à ce que tu en bénéficies l'année de tes 18 ans.

Je m'assoie un court instant, le temps de bien intégrer toutes ces nouvelles pensées.

Krystal est le prénom de ma mère. Elle est décédée à la suite d'une maladie autoimmune lorsque j'avais 2 ans. J'ai été élevée par Anna, sa meilleure amie depuis cet événement. Et tout ce qui la concerne, je l'ai perçu à travers les histoires de Man Jane — ma grand-mère — et les anecdotes d'Anna. Maintenant, j'ai l'opportunité de pleinement la connaître, et de partager avec elle, une histoire que personne d'autre ne connait.

Quelques jours ont passé, pourtant, j'ai encore les mains moites lorsque je tiens le carnet. Aujourd'hui, c'est mon anniversaire. Pour célébrer mes 18 ans, j'ai organisé un dîner en famille. Julie, en règle générale, arrive avant tout le monde pour m'aider à décorer.

J'ai décidé d'ouvrir le carnet lors du petit-déjeuner. Anna est partie travailler très tôt ce matin, laissant sur l'îlot central un apanage de cadeaux. Comme chaque année, avec elle, c'est sans retenue. Cela peut vous sembler étonnant, mais je ne saute jamais de joie en voyant ça. Il est vrai qu'Anna a toujours ressenti le besoin ineffable de me chérir de présents. Elle se conduit comme une maman poule.

C'est étrange, nous avons tous des façons distinctes de parvenir aux mêmes intentions.

Certains usent de réserve. Ils se gardent de mots de manière à ne pas offenser les personnes qui leur sont chères. D'autres utilisent le langage corporel pour couvrir de tendresse et convaincre d'amour.

Ma mère, en revanche, n'avait pas eu la chance de me témoigner de telles affections. La vie nous avait séparées bien trop tôt, lui laissant alors, l'écriture comme unique dénouement.

Un geste de tendresse, un rempart contre

les assauts de la vie.

Chapitre I

Pour débuter, je souhaiterais te parler de la tristesse. C'est une émotion qui frappe durement, et qui peut tout autant endurcir un homme que le rendre vulnérable. Même si l'on voudrait bien s'en passer, elle est inévitable et fait partie de la vie, comme la colère, la joie et le dégoût. Il faut apprendre à la traverser, la surmonter. La tristesse a tendance à nous désorienter, nous empêchant alors d'aller de l'avant. On finit souvent par se morfondre et à justifier cette « décision » par la souffrance qu'elle nous apporte. Il ne faut pas remettre en cause l'impact d'évènements passés pénibles et bouleversants. Pour autant, je ne pense pas que nous y soyons attachés au point de ne plus pouvoir nous en défaire. Le croire reviendrait à dire que, de la même manière, nous serions incapables de maîtriser notre avenir.

En tant que mère, j'aimerais te préserver de ces sentiments indésirables. Mais cela nuirait à ton développement, parce que la douleur demeure malgré tout, la grande sagesse de la vie. C'est à elle que je dois tout ce que je sais aujourd'hui.

Il vaut mieux avoir connu

Face à la tristesse, nous nous flagellons pour avoir rabaissé nos défenses et nos barrières. Personne n'aime souffrir. Nous cherchons tous à nous en prémunir. La douleur nous apparaît comme une damnation. Nous ferions tout pour éviter de devoir reconstruire ce qu'elle a brisé au fur et à mesure en nous. Mais la vie est faite d'ambivalence. C'est ce qui lui procure sa saveur. Nous devons être prêt à connaître le bonheur en acceptant la tristesse qui l'a précédé ou qui lui succédera.

D'expérience, la douleur ne dure jamais. La vie — et tout ce qui la constitue— est éphémère.

Rien ne dure ! Ni la joie, ni la peine !

Prenons pour exemple la déception amoureuse. Après en avoir connu une, nous avons tendance à nous refermer sur nous-mêmes. Nous aimons de manière craintive, nous craignons de revivre une douleur aussi profonde, et nous nous privons de toute l'allégresse que pourrait nous offrir une nouvelle relation.

En agissant de la sorte, nous pensons appréhender le chagrin nous protégeant des cris, des larmes et du vide qu'il intronise.

Mais le seul remède au cœur meurtri consiste à approcher la pleine satisfaction, à évoluer et à grandir. Nous devons dépasser cette douleur qui se joue de nous.

Il faut suivre le chemin opposé à celui que nous trace la tristesse. Se dresser face à elle et contredire les œuvres auxquelles elle voudrait que nous nous adonnions. Il ne faut pas que tu sois terrifiée à l'idée d'avoir mal. En fuyant la souffrance, tu te dépouilles des bienfaits de la félicité. Alors, renonce à cette erreur, car encore une fois, il n'y a pas de bonheur sans tristesse.

Lorsque nous poursuivons l'auteur de nos souffrances, soudain nous apparaissent tous ces moments de joie que nous avons partagés par le passé.

Nous finissons par conclure que sans leur existence nous n'aurions pas souffert, avec l'évidence que ce qui a été autrefois sérénité n'est à présent que dureté.

Il vaut mieux avoir connu l'enjouement, la quiétude et la douceur de ces instants. C'est à eux que nous nous accrochons, au quotidien, autant pour vivre que pour survivre.

Ils nous accordent une faveur en nous soulageant lors des situations laborieuses, désolantes et oppressantes. Vivre une vie heureuse ne consiste pas à fuir la douleur, mais seulement à l'apprivoiser, pour en tirer le bénéfice. Nous avons besoin de la peur pour asseoir notre courage comme de la tristesse pour tirer profit du bonheur.

Le passage à l'âge adulte

Cette année, tu seras une jeune adulte. Je suis profondément attristée à l'idée de ne pas pouvoir t'accompagner sur la route qui te conduit vers toi-même, sur ce chemin parsemé d'embûches que constitue la vie. Je me réconforte malgré moi en pensant à l'entourage merveilleux que je t'ai offert. Cette famille aimante qui saura te soutenir, t'aimer et te venir en aide. Elle veillera constamment sur toi et ne te délaissera pas, même si un jour tu décidais d'abandonner.

Le passage à l'âge adulte représente pour certains la liberté avec son lot de responsabilités. C'est le début des grandes choses, telles que l'obtention d'un premier diplôme, le départ du domicile familial ou l'acquisition du permis de conduire. Ces choses pour lesquelles nous trépignons d'impatience se réalisent enfin. En grandissant, il nous arrive de voir nos accomplissements comme futiles, diminuant alors l'intérêt que nous leur portons. Garder notre âme d'enfant nous permet d'apprécier pleinement nos réussites et nous pousse, selon moi, à poursuivre nos rêves et aspirations.

Pour d'autres en revanche, l'âge adulte est source de nombreux conflits. C'est une ouverture sur nos premières expériences de perte, de déception et de questionnement. Nous sommes délaissés par des personnes qui nous sont chères : quelques-unes de nos amitiés de longue date prennent fin sans que nous ayons perçu de signe annonciateur. L'environnement qui nous semblait encore hier contenant, s'effondre sous nos yeux. Soudainement, nous sommes projetés face aux dures réalités de la vie. C'est à croire qu'auparavant notre regard sur le monde était voilé d'insouciance, qu'il nous empêchait de percevoir ces irrépressibles vérités.

À ce moment précis, nous apprenons également à mieux nous connaître. Nous découvrons nos goûts, passions et envies. Nous découvrons fatalement nos points faibles, nos insécurités et devons faire face à nos traumatismes. Parfois, la vie nous mène au pied d'impasses que nous parviendrons à contourner uniquement en nous réconciliant avec nos souffrances et nos émotions lointaines. L'ensemble de tous ces événements rend la douleur accompagnant l'âge adulte, très amère.

Lorsque nous sommes confrontés à une difficulté, nous comparons mécaniquement notre vie actuelle à nos années d'innocence, pensant avoir aujourd'hui perdu le secret du bien-être. Pourtant, cette joie demeure à portée de main. Il suffit de regarder notre existence à travers les verres de la gratitude. En fin de compte, nous apprenons du passage à l'âge adulte que tout début connaît une fin.

Chapitre II

Nous vivons dans une ère où la plupart des personnes ne pensent qu'à s'enrichir, associant l'argent au pouvoir. Nombreux vouent leur existence à accroître leurs gains, à traquer l'opportunité de faire du profit. D'autres le perçoivent comme une porte conduisant à l'émancipation de soi, ou comme la solution contre tous les maux. En apparence, cette dernière perspective semble noble. Toutefois, elle n'est que futilité si l'on omet de considérer la faculté des mots.

Tout ce qui existe est né de la parole, lui attribuant alors une force créatrice. La construction et la destruction sont à la merci de la bouche. Tout au long de ma vie, j'ai vu beaucoup de personne se plaindre de ne pas atteindre leurs objectifs, tout en expliquant sans cesse les raisons pour lesquelles ils n'y arriveront jamais. « Ce que l'on pense on le crée. Ce que l'on dit on le devient ». Ce sont des principes de vie que beaucoup d'auteurs se sont obstinés à expliquer. Pourtant, nombreux sont ceux qui ne voient pas d'un œil avantageux le fait de remanier leur parole.

Aujourd'hui, je viens te conduire à la réflexion. J'aimerais que tu te souviennes de toutes les fois où tu as rejoué mentalement une conversation désagréable. Une fois que c'est fait, je voudrais maintenant que tu t'interroges sur la raison pour laquelle tu as retenu ces échanges. Je suis certaine que tu es en mesure de décrire les circonstances à travers lesquelles ils se sont produits.

Tu dois surement te demander d'où me vient cette certitude ?

C'est pour moi une évidence, car les mots nous touchent bien plus qu'on ne le pense. Ils ont la capacité de nous captiver et de nous fasciner aussi bien qu'ils peuvent nous heurter. Auparavant, je pensais que c'était les gens qui me blessaient, pas leurs mots. J'entends là que c'est la considération que j'ai eue à leur égard qui leur permettait de m'atteindre. Ainsi, pour moi, il n'y avait pas de sens à ce qu'une personne que je n'estime pas puisse me blesser. Pourtant un jour, ce qui me semblait impossible, s'est

produit. Et pour être tout à fait honnête, j'ai
été aussi surprise que mal à l'aise.

Les mots

J'ai saisi la force des mots. C'est en eux que nous plaçons notre espoir, et c'est par eux seul que nous jurons. Ils nous séduisent et nous font vivre. L'Histoire a vu défiler de grandes personnalités qui ont établi leur notoriété par leurs paroles. Par exemple, Louis Delgrès et Joseph Ignace, par leur diplomatie, ont su diriger tout un peuple à la révolte. S'imaginer vivre à cette époque n'est pas une chose facile. Se laisser convaincre de mourir pour une cause non plus. Il faut maîtriser l'art de toucher, de persuader par le discours pour arriver à une telle fin.

« On en veut à notre liberté, mes amis,
sachons la défendre en gens de cœur et
préférons la mort à l'esclavage. »
Louis Delgrès

Il est intéressant de constater comment des individus parviennent à s'enrôler au sein de forces rebelles tout en connaissant les risques encourus comme les châtiments bestiaux de l'époque. Bien entendu, il ne s'agit pas ici d'amoindrir les autres facteurs qui ont évidemment motivé cette décision. Néanmoins, cet exemple souligne bien comment un individu peut, par ses dires, se montrer persuasif et influent. Nous sommes forcés de reconnaître que face à une menace de mort, nous serions tous prêts à renoncer à nos rêves les plus chers. Tel est le dilemme auquel les troupes rebelles de l'an 1800 ont dû faire face. Ces hommes et ces femmes ont créé une alliance autour d'un désir commun : retrouver la liberté.

Toutefois, il leur a fallu quelque chose de bien plus saisissant qu'une simple volonté. L'ensemble de tous les mots prononcés en faveur de l'aspiration commune a fait émerger la satisfaction de ce souhait. La puissance de la parole est bien plus grande que celle de l'or ou de l'argent. C'est grâce à elle que nous construisons notre réalité, fatalement, c'est à elle que nous obéissons.

Tout ce que nous disons, ce que nous répétons contribue à former notre authenticité. J'aime à dire que la parole reflète la beauté de notre être. Bien que nous vivions dans un monde physique, la réalité quant à elle est subjective. Elle se repaît de nos expériences et de notre manière d'aborder la vie : nos paroles accordent un sens aux choses, leur conférant par la suite une place au sein de notre existence.

Une fois notre réalité construite, nous nous y référons pour agir. Si pour toi la liberté est un droit qu'il faut défendre, alors tu agiras en ce sens. De la même façon, si tu considères que le bonheur dépend d'une relation, tu vivras une éternelle dépendance affective.

Pour faire simple, notre réalité est intimement liée à notre identité, car elle révèle qui nous sommes véritablement. Tu remarqueras d'ailleurs que lorsqu'une personne souhaite être bien vu, elle veille minutieusement sur ce qu'elle dit. C'est à croire que la parole est la seule frontière entre notre intimité et celui qui nous écoute.

Quand une personne décèle ce qui nous fait frémir, elle devient maîtresse de notre émerveillement, comme de notre désillusion. Il lui suffit d'ajuster ses mots, les couvrant de conviction ou d'émotions.

Il est important que tu saisisses ceci, que personne ne puisse diriger ni tes actions ni ton esprit.

Vivre consiste à constamment projeter notre subjectivité sur ce qui nous entoure.

Une même situation est perçue différemment par chacun. Se soumettre à la réalité des autres n'a pas d'intérêt. Cela revient à s'effacer soi-même, à suivre la voix des autres pour ne devenir qu'un être malléable. Pour vivre heureux, il ne faut rien prendre de ce que les autres nous disent ou nous font personnellement car lorsqu'une personne parle, elle fait allusion à elle-même en premier lieu. Elle s'exprime à partir de ses propres peurs, restrictions et croyances.

L'enfance

J'ai une entière confiance en Anna. Je lui ai confié ce que j'ai de plus précieux sur cette terre. Je doute qu'elle ait failli à ton éducation, se montrant raide et désintéressée. À toi, ma fille, viendra le jour d'élever tes enfants. Ce n'est pas une chose à prendre avec légèreté, alors hâte toi lentement.

L'enfance est une période très décisive dans la vie d'une personne. D'un côté, c'est le seul moment où nous sommes au pouvoir de la parole d'un autre. Nous sommes vulnérables, sans rempart contre la réalité parfois insidieuse de certains. D'un autre côté, nous nous construisons, à travers celui ou celle qui nous sert d'exemple, de but à atteindre ou simplement qui représente l'autorité au sein de notre vie. Un enfant est un être en devenir. C'est pourquoi nous ne pouvons pas nous octroyer la liberté d'être sans réserve à son égard. A cette période précise, le tout petit perçoit le monde à travers les yeux de ses parents. Il s'approprie l'ensemble des croyances et des injonctions qu'il a reçu d'eux ou de personnes non loin de lui. Et même s'il ne nous est pas facile de le croire, l'enfant n'est pas dépourvu d'intelligibilité. Il retient bon nombre d'expériences – bonnes comme mauvaises– et souvent, des situations qui nous semblent insignifiantes, sont pour lui traumatisantes.

Je veux que tu gardes en mémoire que la douleur est nécessaire à ton développement. Elle t'apprendra les plus grandes leçons de la vie. De même, n'oublie pas de veiller sur ta parole, car c'est elle qui a la haute main sur tout le monde.

En ce qui concerne l'amour, je ne saurais pas trop quoi te dire mise à part qu'il faut le vivre pour le connaître, et le donner pour le recevoir.

Que toujours la vérité te soit douce.